Haiku heute

Temperatursturz
Haiku-Jahrbuch 2022

Volker Friebel

Edition Blaue Felder, Tübingen

Merkmale von Haiku[1]

Kürze: Haiku werden meist in drei Zeilen gesetzt.
Gegenwärtigkeit: Haiku sind in der Gegenwart. Wenn andere Zeiten vorkommen, dann sind es Erinnerungen oder Zukunftsfantasien, die jemand in der Gegenwart hat.
Konkretheit: Haiku stellen Sachverhalte oder Erlebtes konkret dar, sinnlich miterlebbar.
Externe Orientierung: Haiku beschäftigen sich fast immer mit der äußeren Welt, weniger mit den Vorstellungen des Dichters.
Offenheit: Nach dem Lesen sollte ein Nachhall, etwas Ungesagtes, offen Gelassenes bleiben.
Endreime und Überschriften gibt es nicht.

Haiku heute ist ein Projekt zur Förderung des deutschsprachigen Kurzgedichts. Die Netzpräsenz www.haiku-heute.de erstellt aus den dort eingereichten Texten Monatsauswahlen. Die Jahrbücher versammeln davon die interessantesten Haiku jedes Jahres, ergänzt durch nur für das Jahrbuch eingereichte Haiku und weitere Texte.

Die Mehrzahlbildung folgt der Muttersprache aller Menschen, Bären und Schmetterlinge.

Edition Blaue Felder, Volker Friebel,
Denzenbergstraße 29, 72074 Tübingen (Deutschland)
www.volker-friebel.de

Herstellung und Verlag: BoD, Norderstedt
ISBN: 9783746066783

Redaktion, Gestaltung, Foto: Volker Friebel
Lektorat: Elisabeth Menrad
Veröffentlichung: April 2023

---

1 Nach: Volker Friebel (2019): Das Haiku. Grundwissen – Vertiefungen – der Horizont. Edition Blaue Felder.

Inhalt

Einführung

Die Welt des Menschen, unsere Welt, kommt aus den Krisen nicht mehr heraus, die Veilchen aber blühen trotzdem.

Ob Sisyphos beim Rollen des Felsens auf diesen Berg auch die Blumen und Schmetterlinge am Hang wahrnehmen kann? Hoffentlich, sie könnten ihm Kraft geben.

Vielleicht dichtet er Haiku dazu.

Was ist ein Haiku?

Haiku wenden sich der Wirklichkeit zu, der äußeren, aber auch der inneren Wirklichkeit. In beiden Welten finden wir diese Blumen und Schmetterlinge, und der Kanonendonner kann auch dort sein.

Haiku sind in der Regel Momentaufnahmen, sie zeigen etwas aus diesen Welten, was wichtig ist, auch wenn es unscheinbar wirken mag, wie die Knospen des Frühlings, die kaum einer sieht, aus denen aber das Leben erschaffende Grün und alle Blüten entspringen.

Ein Haiku kann einfach eine feine Beobachtung sein, wie der Dreizeiler von Maya Daneva:

allegro
das Haar des Geigers
löst sich von seinem Schatten

Wie der Geiger in der schnellen Musik mitgeht, da wackelt der Kopf, da fliegen die Haare!

Ein Wahrnehmungsmoment, die Konzentration auf eine Sache, höchstens auf zwei, mehr sollte nicht sein, sonst wirkt es schnell überladen.

Haiku können uns durch eine kleine Beobachtung, durch einen festgehaltenen Augenblick, Wahrheiten über die Worte hinaus aufleuchten lassen, die wir vielleicht schon wissen, aber doch immer wieder neu vergegenwärtigen müssen, wie im Haiku von Bernadette Duncan:

Montagseinkauf
zahle gleich viel
für Rose und Brot

„Der Mensch lebt nicht vom Brot allein" klingt da mit. Aber nicht als allgemeingültige Sentenz, sondern erlebt in der Wirklichkeit.

Haiku können lange nachklingen, abgeschlossen mit den bloßen Worten sollten sie jedenfalls nicht sein. Ein Beispiel dafür, wie ein Text auch nach dem letzten Wort fortwirken kann, ist das Haiku von Eva Limbach:

obdachlos gemacht ...
die Zinnsoldaten
des Flüchtlingskindes

Haiku stammen ursprünglich aus Japan, werden dort meist in einer Spalte geschrieben. Bei uns sind sie seit hundert Jahren heimisch und werden meist in drei Zeilen gesetzt. Auch Ein- oder Zweizeiler sind möglich. Michaela Kiock hat für ihren Text zurecht eine seltene Variante gewählt:

neujahr
tief in der nacht
das atmen
der steine

Der Zweizeiler von Angelika Holweger ist ein gutes Beispiel dafür, wie Haiku in besonderem Maße auf das Mitdichten des Lesers bauen. Und er zeigt ein Prinzip vieler gelungener Haiku, das Gegeneinandersetzen zweier Teile, deren zunächst unklares Verhältnis die Assoziationen des Lesers provoziert.

Worte
wieder schärft er die Sense

Manchmal liest man, im Haiku sollten keine Gefühle ausgedrückt werden. Gefühle sind immer da. Gefühle werden im Haiku, wie in jeder guten Dichtung, allerdings nicht einfach benannt, sondern an Beobachtungen gezeigt und beim Leser hervorgerufen, so im Text von Birgit Zeller:

Mauerseglerrufe
mit ausgestreckten Armen
wir im Sommerwind

Wenn Dichtung es versteht, Bilder in uns zu erzeugen, ist sie gelungen. Nicht die Genauigkeit einer Beschreibung ist entscheidend, sondern die Fähigkeit eines Textes, Assoziationen bildhafter Natur im Leser hervorzurufen. Dass sparsamen Worten das besonders gut gelingen kann, besser als einer detaillierten Beschreibung, zeigt ein Haiku von Gérard Krebs:

auf einmal
erhebt sich ein Feld –
Zugvogel-Zeit

Das aktuelle Haiku-Jahrbuch

In dieser 20. Ausgabe unseres Jahrbuchs finden sich 644 Haiku von 133 Autoren sowie sechs Tan-Renga, die im Jahre 2022 geschrieben oder erstmals veröffentlicht wurden. Sie stehen als gute Beispiele für die ganze Spannbreite des gegenwärtigen deutschsprachigen Haiku, ob klassisch, gegenwärtig oder avantgardistisch.

Dieser Einführung folgt der Hauptteil des Buchs, er enthält die aufgenommenen Haiku, aufgeführt unter den alphabetisch gesetzten Autorennamen. Die Texte stammen vor allem aus der Netzpräsenz „Haiku heute", die monatlich eine Auswahl der besten eingereichten Texte erstellt, aus den Publikationen der Deutschen Haiku-Gesellschaft (Vierteljahresschrift „Sommergras") sowie aus direkt für dieses Jahrbuch eingereichten Texten.

Danach folgen sechs Tan-Renga (zweigliedrige Kettengedichte) als Beispiele für die Möglichkeit, gemeinsam zu dichten.

Ein letztes Kapitel, „Das Haiku-Jahr", versucht eine Kurzfassung davon, was sich 2022 im deutschsprachigen Kurzgedicht getan hat.

Am Schluss steht das Autorenverzeichnis.

Alle Texte wurden durch Volker Friebel ausgewählt, kritisch unterstützt durch Elisabeth Menrad. Alle Prosa ohne Verfasserangabe stammt von Volker Friebel.

Haiku

Elena Abendroth

Nachtmeerreise
das Schiff gleitet sicher durch
Erinnerungen

Iwa Antonow

Der Großeltern Haus.
Suche den Duft
der Apfelstube.

Marita Bagdahn

Buschwindröschen –
die Braut zupft
ihr Kleid zurecht

Dreikönigstag
an der Tür
nur Bofrost, Hermes, DHL

Durchs Fenster
die Sonnenblumen – sie lächelt
zurück

Marita Bagdahn

Ehestreit
sie flüchtet
ins Märchenbuch

Versteckspiel
hinterm alten Schuppen –
mich wiederfinden

Christa Beau

ein Gössel schlüpft
die Kraft beim Zerbrechen
der Schale

Gartenarbeit
die Uhr
abgelegt

im Wartezimmer
ich stricke die Zeit
in eine Socke

lange Schatten
hinter einem Panzer
geht die Sonne unter

Leseabend
ich unterbreche fürs Lied
der Nachtigall

Suppenküche
das Schlürfen
in der Stille

Bild von der Demo 67
die Scherben
in ihm

Kriegsbilder
er sucht nach einem Psalm
ohne Hass

Muttertag
sie pflückt Blumen
für den Sohn auf Heroin

Nussknackersuite
einfach mal wieder
auf einem Bein hopsen

offenes Grab
die Enkelin nimmt die Rose
lieber mit

Resümee
er verbannt
alle Fahnen

Sternschnuppenhimmel
das Kind
das sie nicht wollten

und wenn es
doch Krebs ist
kalter Herbstmond

Martin Berner

Uropas Kriegstagebuch
sie begräbt es
ungelesen

Lidwina Bilgerig

Stiller Bergsee
voller
Himmel

Christof Blumentrath

an der Gabelung
die drei Weisen spielen
schnick schnack schnuck

die letzten Gärtner
durch die Maschen des Bauzauns
roter Mangold

die Stille hinter
der zugeschlagenen Tür
abnehmender Mond

Friedensverhandlung
die Delegation verschenkt
Wildblumensamen

Gerd Börner

der alte Gärtner –
im Dunkeln noch tastet er
nach den Rosen

die Teeschale –
in der Glasur stellenweise
der raue Ton

ihre Stimme
in roten Augen
ersoffen

Spätsommernacht
über den Gräbern
Leuchtkäfer

die Teeschale
Stille fließt
in meine Hände

Adrian Bouter

Grübeleien
vor dem Morgengrauen
ein sterbender Stern

Morgendämmerung
das Geräusch von Hafer
im Maul der Stute

Adrian Bouter

Strandfoto
mein Vater trägt mich
der die Tasche trägt

Kinderfahrrad
der Wind trägt
ein weißes Kleidchen

schmutzige Straße
ein Bettler segnet mich
für drei Dirham

Mondschatten
in meinen Gedanken
sind wir zusammen

südliche Augen die Mandeln der Nacht

Dünen der Wind die Beine der Kinder

heimwärts
ein streunender Hund
folgt mir

Weihnachtsabend
der Mond im Fluß
ein schimmernder Gott

Mirela Brăilean

Lagerfeuer
ein paar Funken
im Großen Bären

Ihre geschürzten Lippen während sie den Kolibri füttert

Claudia Brefeld

Achterbahnfahrt
im Fallen
den Himmel berühren

ausgezehrtes Land
der lange Schatten einer
Reklametafel

erneut
überprüfe ich meine Frisur ...
Kirschblüten

frühes Licht
ein Reiher
auf dem Hungerstein

Brigitte ten Brink

im Biergarten
ein Spatz setzt sich
mit an den Tisch

Familiengrab
neben den Großeltern
ruht das Sternenkind

Einschulungstag
Oma trägt schwer
am Ranzen

Schweigeminute
noch eine Oktav tiefer
die Stille

Ralf Bröker

's ist Krieg
die alte Dame dreht
den Thermostat herunter

Glitzerbilder
im Einhornkoffer
meine Zeit mit dir

Hochzeitstag
wir berühren uns
mit alten Geschichten

Ralf Bröker

Schatten auf der Sonnenuhr
wie sehr ich wünsche
du schriebest mir

Temperatursturz wohin wir gehen wenn wir bleiben

Heiner Brückner

expedition
die schwanenmutter führt
zu den tretbooten

Tagpfauenauge
auf meiner Sommerbluse
Herz, schlage nicht

Yann Brunotte

Der vereiste See.
Hinten im Schrank nur noch ein
rostiger Schlittschuh.

Horst-Oliver Buchholz

am Hochzeitstag
in den Himmel schauen
jeder für sich

welkes Blatt
im Herbst
Keim eines Verses

zu Dir
über Schnee
der schmilzt

Stefanie Bucifal

Morgenstern
wenn mein Licht dich erreicht bin ich
fort

das sich sträubende
Fell des Katers beim Fauchen
der Kaffeemaschine

ziehende Wolken
der Schatten deines Mundes
über meinem

Samstagnacht
ich streiche den Mond
aus allen Gedichten

Stefanie Bucifal

Antiquariat
papyrusgleich die Rücken
seiner Hände

eine dunkle Knospe
entfaltet sich –
Todesgedicht

wanderndes Licht
Schatten
verändern mich

Zugvögel
ich überlasse dich
dem Wind

Pitt Büerken

Geburtstag
die Greisin gratuliert
sich selbst

Loreley
vom Rhein herauf das Tuckern
der Schiffsmotoren

ich komme heim
treffe meinen Saugroboter
auf der Treppe

Pitt Büerken

vegetarische Suppe
Fettaugen
schauen mich an

am Grab
es geht tiefer
als gedacht

neue Brille
schon sieht die Welt
ganz anders aus

Gabi Buschmann

im Flug des Vogels
deine Seele spüren
hoch und höher

Ingo Cesaro

Früher Herbstmorgen.
Fetzen von Krähenschreien –
vom Nebel gesiebt.

Caroline Christen

Novemberabend
die Kerze erlischt
vor dem Streichholz

Cezar-Florin Ciobîcă

Allerheiligen
die Kürbisse erobern
den Heldenfriedhof

Kirschblüten
im alten Baumhaus
neue Gesichter

Kumuluswolke
das Flüchtlingskind träumt
von Zuckerwatte

Beate Conrad

Mairegen –
die tanzende Braut verschenkt
ihr Parfüm.

Perseidensturm
plötzlich wieder diese Glut
verlorener Jahre

letzte Ballonfahrt wir werfen unsere Lasten ab

weiter als der Himmel gespannt ein Schirm aus Daten

nicht daß Panzer führen Kirschblütenwolken

zunehmend Risse
die innere Landschaft
des Reiseführers

Schneestille ich korrigiere die Helligkeitskurve

Silicon Valley –
wir wandeln auf den Pfaden
natürlicher Daten.

Mandelbrotmenge Gottesgedanken während der Arbeit

der Himmel etwas tiefer
am eingefallenen Grab

Großvaters Stimme
wie sie kommt und geht
mit den Enkeln.

Der Wald atmet aus – Oktobermond.

ungehalten die Monologe eines Wohnzimmers

ein abgestürztes Programm meine Steuererklärung

Blendenschluß die Libelle wechselt ihr Spiegelbild

Beate Conrad

Eisprung die Schildkröte ein Zeitreisender

Referendum
angenommen oder nicht
der Mond vertieft sich

Schnee der Klang der Fraktale

Blaugrüner Planet die Ware wird kodiert.

Zweiter Weihnachtstag.
Die Eibe weht ein Funkeln
ans Stubenfenster.

Zorka Čordašević

Nach dem Hagel
Roma-Zelte verschwinden
und streunende Hunde

Der erste Schnee
die Musikanten
hauchen ihre Finger warm

Neben dem Kamin
raucht die Alte seine Pfeife
er atmet schwer

Sonnenuntergang
die Schatten des Bauern und des Pferdes
werden länger und länger

Andrea D'Alessandro

Alles geklärt!
Vom aufgespannten Schirm
fallen Sonnentröpfchen

„workout erkannt"
das Auf-und Abgehen
während des Streits

Wortlose Heimfahrt ...
Eine Nebelwand
löscht all unsere Farben

Perseidenschauer –
die ganze Nacht
seinen Schlaf bewachen

palliativ ...
er wisse nicht mehr
wie sich wind anfühlt

Seine letzten Worte
wie Nadelstiche
der einsetzende Regen

am grab statt blumen
all die tränen
die wir lachten

was geblieben ist
die letzten tränen
wegtanzen

Andrea D'Alessandro

Immer wieder
wirft mir das Meer
meine Gedanken zurück

Welch eine Hitze!
Träge löst sich ein Tropfen
vom Tuschepinsel

„Du bist nicht würdig"
Tropfen für Tropfen erstarrt
das flüssige Wachs

Maya Daneva

Sirenen
die ersten Geräusche in den Ohren
des Neugeborenen

weißer Löwenzahn
ich war einmal
Primaballerina

Mamas letzter Atemzug
von Angesicht zu Angesicht
mit dem Nichts

Beileid
der falsch geschriebene Name
meiner Mutter

Maya Daneva

Kriegssirene
ein weißer Schmetterling folgt uns
in den Keller

obdachlos gemacht ...
die Zinnsoldaten
des Flüchtlingskindes

allegro
das Haar des Geigers
löst sich von seinem Schatten

unsere Stimmen
werden stärker ...
Hagelkörner

Matthias Daube

Auf der Bank im Schnee
Der Mantel des Heiligen
Gänsebratenduft

Ruthild Deininger

Oktobermorgen
die Sonne kühl verschleiert
ein Hauch von Tod

Reinhard Dellbrügge

Dürre –
die Steine im Bachbett
wie bloßes Gebein.

Frühlingssonne –
Tanz
der Staubpartikel.

Wolkenzauber –
mit einem Mal
der Wunsch zu malen.

Frank Dietrich

die längste Nacht
ich schreibe einen Brief
an mich selbst

Bernsteinmond
die ungelebten Träume
in uns

Fenster zum Meer
auf meinen Lippen
Walgesänge

vom Blitz geblendet
an nichts denken
als an Weiß

tiefe Schlucht
die Schritte stocken
vor der Stille

null mal unendlich
ich
zwischen zwei spiegeln

wiederentdeckt in den Wolken das vergessene Gesicht

Schreibblockade
ich öffne dem Regen
ein Fenster

toter Falke
meine Gedanken
in den Wind gekrallt

spiegellabyrinth
stehe mir selbst
im weg

Schneelandschaft
wer mir folgt
bin ich

Versöhnungssex
die Hitze des Tages
steigt auf zu den Sternen

Frank Dietrich

Lavendelfelder
der Mond
ein Duftmolekül

sonniger Friedhof
die Verstorbenen
träumen uns

Hildegard Dohrendorf

Neuanfang
in der Umzugskiste verschollen
der alte Ehering

gottverlassen
in der Ruine – der Kessel
noch auf dem Herd

Abrisshaus
der Mond scheint
durch alle Ritzen

Orkannacht
das Kreischen der Kettensägen

Apfelernte
die roten Wangen
des Enkelkindes

Amelie Dronten

schneewolkenschwer
hängt der himmel am gipfel
auch ich bleibe noch

Udo Drska

sternenhimmel
wolken verdecken
dein gesicht

Bernadette Duncan

Sonntagmorgen
der Busfahrer entschuldigt sich
für die Bach-Kantate

haus am fluss
diese brüchige stille
zum akkordeon

Gubbios Kinder
haben die Nase vom Wolf
ganz blank poliert

Bernadette Duncan

mondlose Nacht
suche nach dem Anfang
im Wollknäuel

Pflegeheim
alle Fenster gekippt
für die Amsel

Intensivstation
das Gewicht des Zettelchens
am Teebeutel

kein bisschen suchen mehr
im gold der sonnenblumen
ankommen

Montagseinkauf
zahle gleich viel
für Rose und Brot

Briefe geschreddert
für den Kompost ... gebe
Kaffeesatz dazu

Taubenmarkt
der stumme Händler verkauft
vor allem weiße

Legastheniestunde
ein Kind erklärt mir
den Regenbogen

das alte Pappei
beim Öffnen entfliegt
ein Kinderlachen

Dürrezeit
das Kind gießt jeden Apfel
an seinem Baum

Waldspaziergang
ein Schmetterling flattert
durch unsere Angst

Friedensfeuer
ein Ostwind treibt Tränen
in die Lieder

so oder so
ich fege weiter
Sand

seenebelschwadenwildgänseziehenmichfort

Marjellchen
das Band um Mamas Briefe
schon ganz blass

Petra Fischer

Mittsommernacht
sie webt das Licht
in ihren Raanu

Bernsteinring
die Kleine spricht polnisch
mit der Mücke

Oktobersonne
das tiefe Orange
in seiner Stimme

Rorbunacht
in mir träumt
ein alter Wal

Gerda Förster

Morgenlicht
leise verlässt mich
ein tröstlicher Traum

von Viren und Menschen ...
sprachlos im kalten Wind ich

einen Menschen berühren
Sehnsuchtsland ...

Christiane Friederike Freimann

Erstes Sterbeamt
In der Sonne sitzen
ein Haiku lesen.

Nachtkerzenduftpirouette
Fledermausluftballett
Sichelmond.

Rauschgoldengel
Tinnitus
Echo des Urknalls.

Gestern Pisswetter
Heute Flugtag
Kranichfanfaren.

Föhren
Wie stehen sie gerade
Wir umarmen uns.

Volker Friebel

Waldkloster.
In das Raunen vom Krieg
blühen Veilchen.

Letzter Anstieg –
in meinem strömenden Schweiß
fließen Sterne.

Sri Lanka, Adam's Peak, 3:44 Uhr morgens

Volker Friebel

Unsere Flucht
aus dem Dom vor der Stimme
des Kunsthistorikers.

Hoch überm Strom
die alte Festung, erobert
vom Wald.

Schnee fällt.
Längst verweht die Spuren
der Flüchtlingskolonne.

Gesellschaftstisch.
Zwischen Fronten aus Mündern
tanzen Teelichter.

Hinter Straßenlaternen
das Meer. Die Polizeistreife
biegt ab.

Kornbühl –
ein Windstoß trägt den Schmetterling
höher.

Marleen Führlich

reif rieselt von den zweigen
sie lehnt sich an den klang
der nacht

Ivan Gaćina

wilde Erdbeeren ...
unsere verschüttete Liebe
am Abendhimmel

Dieter Gebell

Im Karton
Goethe und Schiller zerraspelt
zum Mäusenest

Heute kein Konzert
im Schnabel der Amsel
die Hausgrille

Wetterleuchten
für Sekunden
den Tod vergessen

Sommerfrische
das Sonntagsläuten
landet vor Gericht

Essen auf Rädern
seit er tot ist
kocht sie nicht mehr

Leere Tennisplätze
ein Regenwurm
überquert den Court

Ivan Georgiev

Klimastreik
ein Kind fragt warum
lächeln alle

Flohmarkt
meine Tochter kratzt sich
vor den Ständen

Saharastaub
auf den Autos
Liebesbriefe

Helga Maria Gorfer

Ein Graureiher
reglos im Herbstgras – wir
flüstern nur noch

Silvesterabend –
eingeladen nur ich und
das Abendrot

Claus-Detlef Großmann

abschiedsbrief
wie schwer ein blütenblatt
fällt

wolken wege sterne wald
mein streunendes herz

Claus-Detlef Großmann

im garten noch sommer
du aber sinnst
dem herbstregen vor

regen vorm fenster
auf dem hegel-band
putzt sich die fliege

herbsttage windig
auf meinem schreibtisch
die papageienfeder

Toter Fuchs am Feld
den Sommerhut schiebe ich
sacht in den Nacken

Alexander Groth

Sommerregen –
sie lässt ihre Sandalen
im Flur

nachts auf dem Balkon –
in unseren Sektgläsern
perlen die Sterne

Museumsbesuch –
vor den Porträts der Kinder
ihren Bauch streicheln

Alexander Groth

Stromausfall –
von den Brettspielen
den Staub wegpusten

neunter November –
Traumsplitter an der Front
des Flüchtlingsheims

vor der Tankstelle –
auf dem brüchigen Asphalt
schimmern Polarlichter

Ruth Guggenmos-Walter

im eichenlaub –
blatt um blatt
wägt der star für sein nest ...

fäden aus licht –
das zerrissene spinnennetz
im wind ...

krieg
große augen
die tapferkeit der kinder ...

dachboden
schräges licht
das erschrecken der stille ...

Ruth Guggenmos-Walter

weihwasserbecken –
im eis
ein sonnengelbes blatt ...

die uralten augen
im krankenbett
immer größer ...

die stängel am feldweg
im staub
eine feine melodie ...

Matthias Gysel

der Spatz
flattert in einen
Gedanken

Wochenende
am See. Er fotografiert
Schwermut

ihre Lippen
aufgespritzt
der Schmerz

Taiki Haijin

Grandhotelbar
das Verstreichen der Stunden
aus Marmor

Claus Hansson

Regen fällt
auf die rissige Wand
malt er ein Tier

brüchiger Backstein
mit einer Rose
tief im Gespräch

auf Sand
des einen Grashalms
Schatten

Zazen –
die Kerze flackert
lauter

Vollmond
der Spalt im Vorhang
und du

Dirk Harms

aus den wellen
steigen vogelwolken und
verschwinden im sand

Gabriele Hartmann

ein Schwan
und seine Spur im Schlamm
wir vergeben der Welt

für immer sagst du und drehst deinen Ring

Lehm & Steine
ich siebe den Fluch aus meinen
Gedanken

Schreibblockade ich warte auf den Wind vor dem Regen

nächtliche Schwüle
das Rauschen der Schnellstraße
wird Brandung

Abendsonne – der Glanz des Welterbes verblasst

Nachtvorstellung ein Boulespieler fixiert den Mond

Sylvia Hartmann

auf in die Fremde
beim Blick nach hinten erlischt
das Treppenhauslicht

„Rettet die Natur" –
unter dem Graffiti tropft
noch Farbe ins Gras

Bernhard Haupeltshofer

die linien am tag
gezogen – wandern weiter
in das licht der nacht

kleine fliege, du
spazierst über die zeichnung –
und ziehst den schlußstrich

Markus Heep

Hinter den Zweigen
im Bouzouki Takt tanze ich
oder der Mond

Birgit Heid

Kerzenflackern
die Schatten
um deine Augen

verspritzter Rotwein
er lebt jetzt
ganz allein

Karneval
ich wünsche mir
mein altes Selbst

Bougainvillea
umranken das Fenster
ins Nichts

Stufen
Raum um Raum durchschreiten
bis in die Finsternis

Sekt mit Pfirsichlikör
ich wusste nicht,
dass ich glücklich bin

Wolfgang Hölz

Kriegsgräber
statt Kreuz und Name
Kornblumen

Holzeisenbahn
auf dem letzten Wagen
bremst ein Bär

Christian Hövel

Leg den Pinsel weg
Das Herbstlaub im Garten trägt
Alle Farben schon

Anke Holtz

Vogelgezwitscher
der Frühling
im Grün seiner Augen

die Augen geschlossen
ich lächle
in Erinnerung an ein Lächeln

Pas de deux in der Küche
die letzten Umzugskartons
verschenkt

Muschelsammlung
einst schwammen wir im Meer

Geburtstermin
der Mond hängt schwer
im Apfelbaum

Eisspiegel
erst im Fallen
wieder atmen

Orgeltöne
ahnen woher das Licht kommt

Streitgespräch
unsere Schatten
immer länger

trockenes Flussbett
ein Stein
breitet die Flügel aus

Fang des Tages
die geschlossenen Augen
der Fado Sängerin

Angelika Holweger

Novemberland
ihren Schritten voraus
zwei Schatten

golden gerahmt
studiere die Gesichtszüge
der Mutter Gottes

Antwort suchen ...
am dürren Eichenlaub
zerrt der Wind

um Mitternacht
so zärtlich warm auf meiner Brust
ach – die Katze ...

aus seiner Hand
in ihren Mund
späte Erdbeeren

Worte
wieder schärft er die Sense

Saskia Ishikawa-Franke

Mondfest im Tempel
ein junger Mönch, betrunken,
schenkt Reiswein ein.

Eine alte Frau
mit zwei Katzen, letzter Tag.
Hausboot auf dem Nil.

Herbstkurs-Leiterin,
Schlaganfall. I Ic Ich
sprechen lernen.

Nur ein Frosch
quakt schwimmend im Haus.
Flut in Pakistan.

Wieder aufgebaut,
das Palmyra-Tor. Gäste
im Vollmond-Schein.

Markt in Mumbai,
hinterm Bananenberg schwitzt
ein Alter.

Ilse Jacobson

die Spuren in ihrem Gesicht
Abendsonne

mondnacht
lehne mich an sein bild

Ilse Jacobson

Advent 2022
komm, ins Dunkel
schlafenden Lichts.

morgenlicht
von blüte zu blüte zu dir
fliederfarben

Saharastaub
der Himmel spannt sich
über *Krieg und Frieden*

Rüdiger Jung

Nur das Deckweiß noch
vom Aquarell-Farbkasten
Mitte Dezember

Deborah Karl-Brandt

Regen
Ein roter und ein blauer Schirm
gehen spazieren

Yogastunde
In diesem Sonnenfleck
Katze sein

Deborah Karl-Brandt

Amselgesang
Das Smartphone meldet
eine Textnachricht

Einschreiben
Die beruhigende Stimme
der Postbotin

Veronica Kerber

Friihlingsduft
D'Sunn schinnt
Un schu fiihle se sich frei un wild

    Frühlingsduft
    Die Sonne scheint
    Und schon fühlen sie sich frei und wild

Herbschtobend
d'Blätter falle na
ohne z'motze

    Herbstabend
    die Blätter fallen
    ohne zu motzen

eisnacht
wir tanzen
auf dem gespiegelten himmel

volle stunde
aus dem klang einer glocke
stürzt ein schmetterling

mit gebell
wir rennen
ins leuchten der felder

großvaters garten
die leere
in seinen schuhen

in einer pfütze
die uraufführung
des himmels

jahrestag
ich schicke einen brief
in die stille

genesen
behutsam streichelt ihre hand
das gras

nebelwald
das leise tröpfeln
von licht

rissige erde
der geschmack
eines regentropfens

katakomben
im lichtspalt das aufflattern
einer taube

lichtperlen
ein spatz schüttelt
das gewicht der welt ab

meteoritenschauer
wir inmitten
von blütenstaub

morgensonne
das fell der starren katze
hebt der wind

nach der feldstudie
der maler packt
den frühling ein

neujahr
tief in der nacht
das atmen
der steine

klostergarten
aufleuchtend die schönheit
eines grashüpfers

sommernacht
eine mücke summt mich
in den schlaf

blasenkatarrh
ich träume
von lichterfüllten bächen

tiefer atem
im mondlicht
jemandes schlaf

wirbelnder sand
der klang
ihrer letzten worte

familienporträt
die haltbarkeit
von schmerz

sonnenaufgang
sie trägt ihr gedicht
dem raben vor

klarer herbstmorgen
aufgehen
in einem vogellied

frühlingswind
das mädchen im rollstuhl
lässt einen ballon steigen

Markus Kirchhofer

die buschwindröschen
ducken sich ins dürre laub
krieg in europa

Rolf Klöcker

Der See spiegelt
ihr Lächeln. Wind und Wellen
wischen es aus.

Vaters Bücher.
Zwischen Sallust und Seneca
ein Spinnennest.

Dunkler Herbst-Abend.
Ein Hund bellt. Von Nachbars Klavier
fließt der Mondschein.

Träge fließt der Fluss.
Sein Foto vom Himmel
verwackelt.

Oliver Kai Knütter

Schließe ich meine
Augen, sind sie Fenster
zum Ozean.

Im Neujahrsnebel
in der Stille nach dem Lärm
die schluchzende Frau

Nicola Kössler

Gesicht vergraben
deine Hände riechen nach
Geborgenheit

Gérard Krebs

aus dem Nebel
Flügelschläge eines Schwans
letzte Herbsttage

Atlantikküste
zwischen den Brechern
Lerchengesang

auf einmal
erhebt sich ein Feld –
Zugvogel-Zeit

am Ende meiner
Tageswanderung – ein Veilchen
ganz allein

niemand weit und breit
zur Musik des Schnees
der Tanz der Fichten

Tobias Krissel

harfenklang
der spinnfaden
im sonnenlicht

kondensstreifen
zwischen wasser und wolke
mein augenblick

kriegsausbruch
der himmel überm flughafen
klingt wie immer

adagio
die anmut der blüte
im wasserglas

Marianne Kunz

Einsinken
in ein Meer von Sternen
knirschender Harsch

Sein Trenchcoat
Tropfen um Tropfen dunkler
auf dem Weg zum Grab

Syrtaki-Schritt
das Leuchten ihrer Augen
über den Tod hinaus

Marianne Kunz

Dämmerndes Licht
der Mann mit dem Rollator
gießt sein Grab

Vergreistes Viertel
der Sandkasten gehört nun
den Katzen

Verlaufen
werde Wald
in stockfinsterer Nacht

Neumondnacht
seinen letzten Ausatem
einatmen

Akutstation
nach dem Aus der Maschinen
tosende Stille

Weggeblasen
die Hülle des Lichtes
von seinem Grab

Auf der nassen Grabplatte
das Schimmern des Mondes
berühren

Aufgehoben eine kurze Weile lang
im Weihnachtslied
die Angst

Marianne Kunz

Auf der Suche nach Glück
sie hält einen Finger
in den Wind

Im Altenheim
Oma versteckt den Türkischen Honig

Vaters Geburtstagslied
von Jahr zu Jahr
etwas tiefer anstimmen

Moritz Wulf Lange

Hinten im Schuhschrank –
Ameisen krabbeln über
Vaters Sandalen.

Abends im Winter
mit schlechten Nachrichten
den Kamin anheizen.

In der Weihnachtsnacht
plötzlich ein starkes Leuchten
von Mündungsfeuer.

Nach Mekka neigt er
mehrmals den Kopf – kniend in
gefrorenem Gras.

Moritz Wulf Lange

Starkes Schneetreiben.
Über ihrem Schal knallrot
geschminkte Lippen.

Mutters Nähzimmer –
das Garn auf den Spulen von
der Sonne gebleicht.

Hanne Leese

Februarmorgen –
am Zweig der Zaubernuss
winzige Sonnen

Graupelschauer
ein alter Mann beschimpft
seinen Rollator

Eva Limbach

Kriegsbeginn –
sie trägt die Ohrringe
ihrer Großmutter

Friedenskonzert –
der Gitarrist wechselt die
gerissene Saite

Leidensgenossinnen
die Fruchtfliege
in meinem Rotweinglas

Eva Limbach

als wüssten sie nichts
von Werden und Vergehen ...
erste Schneeflocken

Mammographietermin
die winzige Welt
in meiner Schneekugel

verlassenes Fischerhaus
das Fenster zum Meer
weit offen

Feuerpause –
die ausgedrückte Kippe
zwischen den Gräbern

Bowmore Islay –
eine Spinne webt ihr Netz
in meinen Wanderschuhen

Sommerwald –
zwei Wanderer philosophieren
über den Krieg

Weihnachtsmorgen –
auf den Stufen zur Kirche
ein leeres Weinglas

Quarantäne ...
den Schreien der Wildgänse lauschen

die Schwalben sind zurück
das Rauschen meiner Gedanken
wird leiser

Befundabruf ...
der Klang unserer Schritte
auf gefrorenem Gras

Extrasystolen des Kirschbaums pralle Knospen

Haushaltsauflösung –
das Steinchen mit dem Schriftzug MUT
behalten

Rubinhochzeit ...
eintauchen in den Geruch
der Fotoalben

Hohe Linde –
Vaters Hände nach der Schicht

Mettenschicht ...
der Wind trägt den Geruch
von Kohlenfeuer

nach dem wortgefecht des mondlichts samtene stille

nach der Beisetzung ...
das Gesicht benetzt vom Mairegen

Ramona Linke

Magnolienblüten
sorgfältig zieht sie
den Lidstrich nach

wo wir uns heimlich trafen
mondbeschienen
die stille der nacht

Federweißer
auf unserem Heimweg
ein schwankender Mond

Birgit Lockheimer

Neujahrstag
hinter der Maske
das alte Gesicht

Ingrid Löbling

Winterblues
die ersten Schneeglöckchen
unbemerkt

Horst Ludwig

Der Leichenwagen
Rappen, langsam, paar Leute
draußen vorbei

Flashmob am Fischmarkt
ein Vogel, still gegen den Wind
El Condor pasa

Orgelpassage
wieder und wieder gespielt
's Rosenkranz-Ave.

Matthias Mala

Die Blutbuche schmückt
Junges Laub tausendfach rot
Vor dem Finanzamt.

Robert Patrick Martin

sommertage
es ist kalt
seit du gingst

Ingrid Meinerts

nach der Predigt
ein Kind
applaudiert

Flucht
ein Kind tröstet
sein Kuscheltier

Ruth Karoline Mieger

erstes Birkengrün
alle Räume frisch gestrichen
im Puppenhaus

im Wartezimmer
die Wärme der Mohnblumen
draußen fällt Schnee

Kriegsgespräche
betrachte meinen Enkel
mit anderen Augen

am Grab
die nagenden Fragen
das Lächeln des Engels

im Friedwald
mein Enkel erklärt
Opa ist bald in den Knospen

Ruth Karoline Mieger

Osterspaziergang
fremd das Schweigen
der russischen Freundin

Kriegsnachrichten
die dunkle Seite
des Pfannkuchens zuckern

endlich Regen
ihm zugewandt
ihr faltiges Gesicht

Conrad Miesen

Kreuzgang umrundet
Der Brunnen – ganz vergittert
spiegelt Himmelsblau

Helga Nerlich

Flacher Wiesendunst
am Bachlauf ein Buchfink
spreizt das Gefieder

Claudia Neubacher

abends beim simsen
ums display das tänzeln
der gelse

blick auf den globus
die welt hat staub angesetzt
auf meinem schreibtisch

Eleonore Nickolay

Flug über den See
langsam löst sich der Schwan
von seinem Schatten

Lavendelbeutel
in Schutzhüllen gefaltet
mein Sommer

zwischen den Jahren
ein Stern auf dem Weg
in den Staubbeutel

Kranichflug
auf meinem Foto
der leere Himmel

Krankenhauszimmer
ich erzähle ihr vom Blühen
der Schlüsselblumen

Eleonore Nickolay

Stille Nacht
der Rettungswagen verkündet
deine Geburt

Besuch
aus der Gegensprechanlage
Vogelgesang

Lisa F. Oesterheld

Sonntagsfrühstück –
das Ei, eine Kantate
von Bach im Ohr

Morgens am Feldrand
der Tau auf den Halmen –
ein Sonnenaufgang

Morgens im Kloster
die Schritte der Schwestern
Federn auf Stiegen

Schreiben
der Schatten ihrer Hand
wenn sie die Worte setzt

letzte Trauben
wir teilen sie
mit den Amseln

Ludmilla Pettke

die hecke wird kahl
und die stimme des nachbarn
bekommt ein gesicht

aufbruch der schwalben
die oma steht am fenster
und seufzt

barmusik
der glanz des regens
auf pflastersteinen

familienausflug
alles was opa mitnimmt ist
sein sauerstoffgerät

Lateinvokabeln.
Die Oma versteckt ihr Gähnen
beim Abfragen.

Jutta Petzold

Orientierung
im Nebel
das Krächzen der Krähe

für immer gegangen
er trägt ihr Foto
nach Compostela

Jutta Petzold

im Poesiealbum
sein Held:
Oma

in stiller Trauer
hart
der Hufschlag der Pferde

Boule-Spiel bis in die Nacht
der Vollmond siegt

Rudi Pfaller

Die alte Sanduhr
lege sie waagrecht
Silvesterabend

längster Tag
grüble über
den Rest meines Lebens

unser erstes Frühstück
er fragt nach
Zucker

immer mehr goldene Bäume
du kaufst neue
Ohrringe

alleine
zweiter Aufguss des Tees
den wir getrunken haben

Flirten im Park
unsere Hunde
sind schneller

Neujahr
mein alter
Mann

am Morgen
die Pizzareste
und er

Hauptmarkt in Krakau
der Aktivist so müde
wie die Pferde

Tihomir Popović

prüfungspause
hinter der kommission
letzte schneeflocken

computerschachpartie
nach dem sieg
alleine tee trinken

in ihrem atelier
goldflüsse und heldenberge
der schmetterling fliegt weg

René Possél

die alte freundin
auf dem sterbebett hat sie
ein neues gesicht

nach seinem tod
in meinem leben ein loch
Rolf-förmig

Sabina Ptascheck

Pandemie
unter den Bienenvölkern –
die Kirschblüte so still

Sonja Raab

leises schnarchen
meine hand hält
deine pfote

Jörg Rakowski

Die Schutzmaske auf
im Auto
– allein

Monika Reinfurt

Nachmittag mit Freunden
sie spricht mit den Blumen
auf dem Balkon

Renate Maria Riehemann

Gaukler unterwegs
Ein Kind fängt Farben
aus Seifenblasen

Wolfgang Rödig

Frühjahrsmüdigkeit
die Katze auf dem Schoß
Singvögeln lauschen

Abschied von Mama
die entschlossene Miene
des Karussellpferds

Kartoffelsalat
Mutter und Schwiegermutter
kommen ins Gespräch

nach dem lauten Streit
das stumme Hadern
mit ihrem Spiegelbild

in der Christmette
ein Weihnachtswunder
Vater kann singen

Peter Rohrbeck

Aufziehender Sturm
das wilde Flackern
deiner Augen

Literaturkreis
wir einigen uns auf
ein Buch in Großdruck

Peter Rohrbeck

Hochzeitstag
sie umarmt
seinen Baum

Sanfte Wellen
weniger und weniger
ich

Gerd Romahn

Leises Klingeln ...
sie verbindet sich mit der Leere

Schwebendes Licht –
auf leisen Schwingen zurück
in den Traum

Klassentreffen
leise summt sie
sein Lied

Weiß
soweit man sehen kann
brüllende See

Guido Saslona

Fischer fischen ab,
jenseits der Teiche hütet
einer ein Feuer.

Frank Sauer

Rosenblut
im Gegenlicht
deine Lippen

das Teichhuhn
zerteilt den Wasserspiegel
mein Gesicht verschwimmt

die alte Marktfrau
gibt Geld heraus und schenkt
sich ein Lächeln

Jörg Schaffelhofer

bienengesumm
das frische grab im schatten
der alten kastanie

Birgit Schaldach-Helmlechner

leichter morgenfrost
auf märzfeldern
dampft frischer dung

altweiberfäden –
unzerreißbar
die verbindung zu dir

deine worte ...
züngeln weiter in mir
verbrannte briefe

vielleicht doch für uns
eine klitzekleine chance –
perseidennacht

dieses ewige
vielleicht –
schneeregen

gartenbrache –
was weiß ich wirklich noch
von dir?

lautgebärden
verstehen möchte ich
die birkenzweige

silvesterfrühstück
ich kaue
an der jahresbilanz

Birgit Schaldach-Helmlechner

sommerfrühstück
spatzen unter den büschen
picken lichtkrumen

winterstille
unstet nur das rauchgewölk
meines atems

abendsonne
sich vertiefender glanz
an der kupferrinne

Michael Rasmus Schernikau

„Schalt das Radio aus."
Vor dem Autofenster leuchten
Löwenzahnwiesen.

Am Rohbau,
samstags das fleißige Hämmern
des Spechtes

Gewitterwolken.
Die Hippiemutter sieht ihr Kind
in der Dorfmusi.

Michael Rasmus Schernikau

Der Nebelschleier
zerreißt. Im Gras die frische
Spur der Wildkatze.

Frühlingsregen
Die Zeitung des letzten Jahres
wird langsam Erde

Elke Schlösser

Kürbismarkt
aufgestapelte Sonnen
im Oktobergrau

Ameisen laufen
der Besen verschont sie
bis zur Haustüre

Elisabeth Ba Schmid

pusteblume
dem kinderwunsch entfliehen
über brachland

Annika Carmen Schmidt

zinksalbe
das kind heilt
den zinnsoldaten

brazilian-butt-lift
die op hebt den hintern
in den himmel

wigilia
ein gedeck extra
falls die fremde klingelt

Benno Schmidt

alter teich
der augenblick
in dem die münze ins wasser eintaucht

Angela Schmitt

schwerer Blütenduft
wo war einst deine Heimat
dunkle Pfingstrose

Kirschblüten,
Schneeflocken, was weht dort
im eisigen Wind

Angela Schmitt

Stille
im Plätschern des Baches
im Kieselstein

du hast
sie auch geliebt,
die rosa Blüten

Maren Schönfeld

In der ersten Nacht
noch die Stadt wegträumen
unterm vollen Mond

Kirschblütenpracht
das Deckengemälde
im Bestrahlungsraum

Dyrk-Olaf Schreiber

St. Martin
bis in die Nacht Licht
in der Schneiderei

Tunnelende
zur Sonne
explodierter Raps

Dyrk-Olaf Schreiber

versorgt
die Hand die Hand
berührt

Brief mit Rand.
Über mir das Geräusch
eines Staubsaugers.

zu dritt
du und ich
im mondlicht

Es aus dem Herbstwind pflücken.
Schwerer noch
das Loslassen.

Helga Schulz Blank

lautes Juchzen
beinah in den Wolken
ihre Füßchen

im Zoo
das Pfingstkonzert eröffnet
der Kuckuck

Tanz in den Mai
Holunderblütensterne
auf seiner Stirn

in mein staubsaugen
rufen kraniche
erblicke den stern

Novembernebel
die Welt ist geschrumpft
auf Bett und Sessel

Autoradio
Wildgänse ziehen
durch das Bachkonzert

an Heiligabend
zwischen den Obdachlosen
plötzlich ein Engel

das einzige Licht
in dunkler Nacht
der Rauchmelder

Kaminfeuer
ihre Briefe
wärmen ihn

die unterdrückten Tränen
beim Zwiebelschneiden
endlich weinen

in der Vollmondnacht
seidiger Schimmer auf den
Solarpaneelen

silberne Hochzeit
Candlelightdinner
im Hospiz

Marie-Luise Schulze Frenking

Wintersturm
Kondolenzbriefe lesen
und endlich weinen

die Läufe
einer Fuge von Bach
aus Ruinen

Therapiesitzung
zwischen uns ein kahler Zweig
der plötzlich aufbricht

ich blase Trübsal
und er steht in Blüte
mein Trompetenbaum

die Gäste gehen
im Dunkel schwebt der Gesang
einer Nachtigall

Angelica Seithe

Schneeberg
ein Vogelschwarm zerpflückt
die Nebelwand

Decrescendo –
die Kreissäge kreischt
in den Schneetag

flackernder Himmel –
nach jedem Blitz erblindet
die Nacht

sämiges Licht –
zwei Vögel umkreisen
den Frühlingsmond

Pflaumendämmerung –
der alte Bauer erntet
mit den Augen

trunkener Tag –
ins Tal hinab der Rinnstein
pflaumenblau

Privat –
Park und Schloss betritt
allein der Mond

im Zengarten
Kreise harken um die
Stille des Steins

Angelica Seithe

ausrangiert –
der alte Bauer schläft
in der Sonne

Proust-Lektüre –
sie wischt sich die Spinnfäden
von der Stirn

Sommerabend –
ein Boot schlägt Gold auf
im See

am Telefon –
du lauschst dem Amsellied
aus meinem Garten

Vaters Heimkehr –
Nächte voll Heuduft und
wehender Sterne

Martin Speier

erster schnee
der blick aus dem fenster
in die kindheit

umzug
das herz im staub
kommt mit

Claudia von Spies

Meine Kinderbücher
die ganze Welt
unter der Bettdecke

Nachtfrost
nur ihre Atemwölkchen küssen sich
beim Abschied

Helga Stania

blinde gärtnerin
sommers die spuren
von duft und klang

herbstufer der töne widerspiel

blütensummen für augenblicke nicht wissen wollen

des mädchens erste schritte – schneeglöckchen

die menschen in bunkern allerheiligen

den himmel malt mit hodlers pinsel der wind

schneetreiben im wald die auslöschung der worte

der schneefall beendet die geminiden

duft der minze – sie findet zurück in ihre
         andere welt

Helga Stania

teile mit mir
dein widerstehn
arvenbaum

segantinis licht –
stumm werden
beim blick über den see

Thomas Steiner

schaukelpferd,
im wartezimmer
festgebunden.

keine schwäne heute.
nur grün bleibt, braun
darüber blau.

Joachim Thiede

Abendmüdigkeit
wieder aufgeweckt
durch den Steinkauz-Ruf

Hubertus Thum

Der Blick
aus einer anderen Welt
Tagpfauenauge

an den wänden
der alten abtei
teppiche gewebt aus träumen

Beim Malen
meiner inneren Stadt
die Farben der Pfauenfeder

welttag der poesie
ein kleines blatt
entfaltet sich

Reisefieber
ich schlüpfe
in eine Schneeflocke

Cellosuite
das Universum
tief unter den Füßen

Der Grund
meiner Abwesenheit
ein Schneekristall

Kriegstagebuch
die Zerstörung
der Farbe Blau

Hubertus Thum

Ein Blauwal
in der Kunsthalle gestrandet
gregorianische Gesänge

Ein Blick zurück
in den zerscherbten Spiegel
Sonnenfinsternis

Heckenrose
die leisen Obertöne
in ihrem Duft

kammermusik
die vollendeten formen
der schneekristalle

Kindheit der Duft reifer Quitten

Kranichschreie
der beschwerliche Weg
in meinen Winter

letzte zuflucht
die schönheit
eines pollenkorns

Ebbe und Flut
mein Leben
Ebbe und Flut

Morgenglocken
auf ihren Klängen gleitet
die erste Schwalbe

pharaos mumie
der kokon
eines schmetterlings

Photonenstrom
die Schelle an Klees Engel
läutet leise

Saharastaub
die Asche
meiner Mütter

Musik der Planeten
Einstein prüft die Formeln
auf seiner Geige

dichter Nebel
ein Fremder
kehrt ins Exil zurück

schneeflocken
im haus wächst
die stille

dunkle Rose
im Wirbel ihrer Mitte
die Zeit verlieren

Sommerabend
die Lokomotiven
kehren vom Meer zurück

Achtzigster Geburtstag
Narziss verabschiedet sich
vom Spiegel

Tarot-Spiel
ziehe die Karte
Der Eremit

Selbstbildnis als Baum
eine kleine Wolke
weht hindurch

Zeitensprung
entdecke ihr Lächeln
in der Antikensammlung

Dieses Blau
über dem Rapsfeld
plötzlich hörst du es singen

Tauwetter
aus allen Spiegeln strahlt
der Mond

Tiefer Herbst
das Licht zieht sich zurück
in die Ikone

Winternacht
wortlos
ist sie gegangen

wirbelnde Blätter
ein Liebesbrief von Sappho
an Marilyn Monroe

ein Blick zurück auf mich
vom zeitlosen Ufer
Sommerwolken

das letzte Wort
des Malers:
Schnee

wohin ich gehe brandungsrauschen

Abschied
jemand wird mich
weiterträumen

instantkaffee
langsam löst sich
morgennebel

heilfastenwoche
er hat schon abgenommen
der mond

hochhaussiedlung
noch licht in den leben
der anderen

weihnachtsbaum
nur das leuchten
der augen

kehrwoche
so sehr ich mich anstrenge
der wind der wind

waldspaziergang
ich gehe
der spinne ins netz

kleinanzeigen
jemand verschenkt
seine einsamkeit

parkeingang
zwischen verbotsschildern
ein amsellied

Tobias Tiefensee

erstes weihnachten
die kleine verschenkt
ihr lächeln

schreibblockade
er schaut dem cursor
beim blinken zu

weihnachtseinkauf
er sehnt sich nach
himmlischer ruhe

wenn er
von seiner tochter spricht
dieses lächeln

Angela Hilde Timm

Fesseln sind gelöst
frei der Blick über den See
am Ostermorgen

Ulrike Titelbach

a kloane grüün singd
mit der kreissoog vom nochban
goatnliada

    gartenmelodie
    die kreissäge des nachbarn
    eine grille singt mit

aufd nochd am mea
zwoa daunzn boafuas
im nokadn saund

    abends am meer
    zwei tanzen barfuß
    nackter sand

gemeinsamer weg
wir sehen uns an
mit nacktem gesicht

mittn im lokdaun
zwoa leid auf da stroosn
de si umoaman

    mitten im lockdown
    zwei leute auf der straße
    die sich umarmen

Anna Vriede

Klausurenphase
der abfahrbereite Camper
des Dozenten

knie an knie
unsere blicke verschränkt
im tramfenster

eisnacht
brust an brust
das brummen des schneepflugs

Saxophonlines
aus seinen Fingern fließt
Mondlicht

seine küsse
die lippen sehnen sich
nach schokolade

Neues Fliegengitter –
Kopf an Kopf schlafen
die Mücke und ich

Stefanie Wachowitz

Ein Buddha
Am Fenster,
rauchend

Elisabeth Weber-Strobel

Nach dem Nachtdienst
in der Küche brennt schon Licht
honiggelb

Wintereinbruch
im Dämmerlicht der Duft
erster Mandarinen

ein alter Globus
aus Vaters Nachlass
Grenzensuche

Anruf vom Peloponnes
aus dem Hörer
tropft die Hitze

Regentag am Strand
Kinder spielen
Wer hat den schönsten Stein

Friedrich Winzer

Märzmorgen
dampfend vor dem Pflug
ein Kaltblüter

Abendläuten
ein Gleitschirmflieger
faltet den Tag

einparken
ich fahre den Schatten
gegen die Wand

Bahnhofsuhr
zwei Kinder nicken
im Zeigertakt

zielsicher
Mutters Handkantenschlag
ins Paradekissen

Countdown
Großvater verkauft
seine Harley

Feierabend
nur ein strafender Blick
der Politesse

Friedhofsweg
die Navistimme sagt
bitte wenden

Gewitternacht
bei jedem Blitz das Zucken
ihrer Hand

Yogastunde
durchs offene Fenster
Kranichrufe

Friedrich Winzer

Reisewarnung
ich streiche das Gartenhaus
mit Schwedenfarbe

lautlos
sprengt er den Asphalt
der Löwenzahn

offenes Grab ...
durch meinen Kopf geistert
Schrödingers Katze

Sommerabend
im Restlicht das Leuchten
ihrer Augen

Streit
auch ihr Bügeleisen
zischt

Versöhnung
tief im Hackklotz
noch die Axt

Sommernacht
ich küsse die Perlen
von ihrer Haut

Kampfjet
aus dem Nichts
ins Nichts

Friedrich Winzer

Sternennacht
meine Augen erklimmen
die Himmelsleiter

Nachhall ...
das dumpfe Klopfen
der Abrissbirne

blaue Stunde
der Fotograf am Stativ
eingeschlafen

Schach
der Eröffnungszug
an der Zigarre

Klaus-Dieter Wirth

verstummt die Stimme
des Kriegsberichterstatters
ziehende Wolken

Todesnachricht
die weißen Blüten
der Chrysanthemen

acht Tage danach
nun auch die letzten Schläge
der alten Wanduhr

Frühlingserwachen
Mundharmonikaklänge
im Friedwald

Straßenecke
erst ein Hund, dann ein Mann
an der Leine

Katzenaugen
größer und größer hinter
der Goldfischkugel

Kriegsgeschehen
der Luftraum gehört nach
wie vor den Tauben

die Sonnenblumen
des griesgrämigen Nachbarn
immer gut gelaunt

Schleierwolken
der kristalline Gesang
einer Grasmücke

Im Sonnenschein
das Schattenspiel der Passanten
vor dem Theater

Flussüberquerung
Ein Wanderer balanciert
auf Wolken

Im Maislabyrinth
ein Spatz fliegt einfach
auf und davon

Mauerseglerrufe
mit ausgestreckten Armen
wir im Sommerwind

Meditation
durchs dichte Geäst
fällt ein Lichtstrahl

Seespiegelung
ein gefallener Tropfen
verschiebt den Himmel

Erster Krokus
aus dem Maul des Wasserspeiers
lugt ein Spatz

Romano Zeraschi

allein –
die Wüste
das Schweigen der Ameisen

alleine
verlassen ...
eine Grille singt für mich

Schneefall
ganz weiß ist mein Herz ...
Krächzen von Krähen

Tan-Renga

So kurz gehalten
das Gras Es wird gelb wird braun
unter der Sonne

Wann starb die Erinnerung
an die Wiesen der Kindheit

Rüdiger Jung / Reiner Bonack

Spätherbsteinsamkeit
zu Fragen und Antworten
zögernde Stillen
Zur Glut im Kaminofen ...
Legen wir noch etwas nach.

Dragan J. Ristić / Horst Ludwig

ewiges Leben
wir teilen uns
den letzten Schluck
scharf
und zugleich süß

Gabriele Hartmann / Christof Blumentrath

da geht
der Sommer – Romeo
blutet
in gerötetem Laub
ein Origami-Herz

Gabriele Hartmann / Michaela Kiock

Morgennebel
zerstäubt vom Flügelschlag
eines Reihers

Scherenschnitte die Pappeln
am Ufer des Flusses

Brigitte ten Brink / Rita Rosen

Apfelblüte
was zwischen uns reifte
im alten Jahr
seine Versprechen
im Wind ...

Horst-Oliver Buchholz / Eleonore Nickolay

Das Haiku-Jahr

Bücher

Die Suche nach „Haiku 2022" ergab bei der Deutschen Nationalbibliothek 94 Einträge (etwas weniger als die letzten beiden Jahre), nach genauer Durchsicht und Streichung englischsprachiger Bücher oder verschiedener Ausgaben desselben Buchs blieben 50 übrig, darunter einige Wiederauflagen. Fast alle sind bei Kleinverlagen oder im Eigenverlag erschienen.

Die Deutsche Haiku-Gesellschaft (DHG) hat wie jedes Jahr vier Ausgaben ihrer Vierteljahresschrift veröffentlicht („Sommergras", Ausgaben 136-139). Mitglieder der DHG können im Netz alle seit Ausgabe 60 (März 2003) erschienenen Hefte als pdf laden.

Die beiden Haiku-Verlage deutscher Sprache haben einige Bücher neu veröffentlicht. Es sind das die „edition das haiku", Hamburg, von Moritz Wulf Lange, Netzpräsenz: https://edition-das-haiku.de sowie der Rotkiefer Verlag, Berlin, von Petra Klingl und Stephanie Mattner mit der Netzpräsenz: www.rotkiefer-verlag.de/.

Das Haiku-Jahrbuch 2021 („Quarantäne unter Sternen") erschien Juni 2022 mit 598 Haiku von 129 Autoren.

Das Netz

2022 waren folgende Projekte aktiv:

Deutsche Haiku-Gesellschaft (DHG): Dachverband mit etwa 300 Mitgliedern, gegründet 1988. Die Zeitschrift „Sommergras" erscheint vierteljährlich als gedrucktes Heft und als eBuch. Als pdf ist sie nur

noch für Mitglieder zugänglich. Für die Zeitschrift können Haiku und Tanka eingeschickt werden, eine Auswahl davon erscheint im Heft und ist außerdem online zu lesen. Ausgewählte Artikel sind online frei zugänglich. Für Mitglieder wurden 2022 monatliche Treffen mit Haiku-Besprechung über Zoom eingerichtet.
Netzadresse: https://haiku.de

Haiku heute: Monatsauswahlen, Jahrbuch, Seiten zu Theorie und Praxis des Haiku, gegründet 2003, verantwortet von Volker Friebel. Die pdf-Dateien aller erschienenen Jahrbücher sind frei zugänglich. 2022 wurde zum vierten Mal ein Haiku-Preis ausgeschrieben.
Netzadresse: www.haiku-heute.de

Chrysanthemum: Gegründet 2007 von Dietmar Tauchner, aktuell weitergeführt von Beate Conrad und Klaus-Dieter Wirth. Zweimal jährlich erscheint das Magazin als pdf-Datei. Im Jahr 2022 pausierte Chrysanthemum, doch eine Ausgabe für Frühling 2023 ist angekündigt.
Netzadresse: www.chrysanthemum-haiku.net/de

Kukai 24: Stefan Wolfschütz führte monatlich ein Kukai durch. In einem Kukai wird ein eigenes Haiku eingereicht, und die Haiku aller anderen Mitwirkenden werden bewertet.
Netzadresse: kukai24.de

Die **Österreichische Haiku-Gesellschaft** (etwa 60 Mitglieder) betreibt eine Netzpräsenz und gibt einmal jährlich eine Zeitschrift heraus.
Netzadresse: oesterr-haikuges.at

Es gibt eine geschlossene Facebook-Gruppe, **Haiku-like**, mit den Administratoren Sonja Raab, Simone

K. Busch und Ralf Bröker. Wer die Beiträge sehen und teilnehmen möchte, kann sich einladen lassen. Ein öffentlicher Ableger von Haiku-like ist die Haiku-Bühne auf Facebook:
https://www.facebook.com/haikubuehne

Eine Übersicht weiterer aktueller und archivierter Haiku-Projekte in deutscher Sprache:
www.haiku-heute.de/archiv/haiku-projekte

Eine gelegentlich aktualisierte Liste von internationalen (englischen) Zeitschriften und Ausschreibungen zum Haiku bietet Claudia Brefeld:
www.artgerecht-und-ungebunden.de/Haiku-aktuell.htm

Zur Verbindung von Haiku und Bildern gab es 2022, neben den schon erwähnten Haiku-Präsenzen, drei spezielle Einreichseiten:
Haiga im Focus: Monatlich online erscheinende Haiga-Auswahl von Claudia Brefeld.
Netzadresse:
www.claudiabrefeld.de/Haiga-im-Focus.htm
AHaiga: Haiga-Portal von Helga Stania, wird vierteljährlich aktualisiert.
Netzadresse: www.ahaiga.ch
Fotohaiku: Martina Sylvia Khamphasith und Diethelm Kaminski veröffentlichen jeden Monat ein Foto, zu dem Haiku eingereicht werden können.
Netzadresse: www.fotohaiku.com

Autoren

Abendroth, Elena, *1954, Rottach-Egern. Veröffentlichungen mit Georg Seibt: Gedichte der Achtsamkeit - der Haiku Weg 2022. Zwischentraum – Lyrik der Leidenschaft 2023. www.samatha.eu

Antonow, Iwa, *1964, lebt und arbeitet in Jena, schreibt Lyrik und Kurzprosa; Studium japanischer Blumenkunst.

Bagdahn, Marita, *1957, lebt in Bonn; freiberufliche Poesiepädagogin und Autorin; zwei Bücher mit Kurzprosa; diverse Veröffentlichungen in Anthologien (Lyrik, Kurzprosa, Aphorismen) und in literarischen Publikationen; Fachartikel für Autor*innen; diverse Auszeichnungen (Lyrik und Prosa).

Beau, Christa, *1948 in Halle (Saale), lebt in Halle (Saale), ehemalige Kinderkrankenschwester, jetzt Rentnerin, 6 Jahre Vorstandsmitglied der DHG (Schriftführer, 2. Vorsitzende), seit 2000 Leiterin der Hallenser Haikugruppe, Mitglied des Pelikan e.V., Autorin, zahlreiche Veröffentlichungen, so die Bücher „Schaumblasen knistern", epubli, sowie „Fotohaiku – Haiku", dorise-Verlag. Netzpräsenz: www.christa-beau.de

Berner, Martin, *1948, wohnt in Frankfurt am Main, 2003-2009 Vorsitzender der Deutschen Haiku-Gesellschaft. Berner, Martin (2007): Cvet Srobota – Clematis Blossom – Clematisblüte. Društvo Apokalipsa, Ljubljana (Slowenien). Martin Berner (2022): Klangschalenton. Rotkiefer-Verlag, Berlin.

Bilgerig, Lidwina, *1953, wohnhaft in Baar (Schweiz). Pensionierte Musiklehrerin. Spielt barocke Blockflötenmusik, singt in einem Chor.

Blumentrath, Christof, *1956, gärtnert, fotografiert, liest, lebt in Borken/Westmünsterland.

Börner, Gerd, *1944 in der Uckermark. Studium der Elektrotechnik, lebt in Berlin, Rentner. Schrieb vier Haikubücher. Mitbegründer von Haikuscope.

Bonack, Reiner, *1951 in Senftenberg, wohnhaft in Magdeburg, mehrere Lyrik-, Haiku- und Kinderbücher, 1995 Haiku-Preis „Zum Eulenwinkel".

Bouter, Adrian, lebt und arbeitet im „grünen Herzen von Holland". In seiner Freizeit, wenn er nicht gerade schreibt, fährt er am liebsten mit dem Rad durchs Land.

Brăilean, Mirela, lebt in Iasi, Rumänien. Mitglied der rumänischen und französischen Haiku-Gesellschaft. Sie nahm an Wettbewerben in ihrem Land teil, wo sie zahlreiche Preise gewann. Ihre Kurzgedichte werden in zahlreichen Haiku-Zeitschriften, mehreren Online-Magazinen und Büchern veröffentlicht. 2019 erschien ihr Debütbuch: „Loping over the hills". Im Jahr 2022 erschien der zweite (zweisprachige) Haiku-Band: „Telling my desire in one breath".

Brefeld, Claudia, *1956 in Gronau (Münsterland), lebt in Bochum, schreibt seit vielen Jahren Aphorismen und Haiku, nimmt an Kettendichtungen teil. Veröffentlichungen in – auch internationalen – Anthologien und Zeitschriften. Mehrere Haiku-Preise. Sie ist der Natur mit der Kamera auf der Spur und gestaltet Sinnbilder und Haiga. Zwischen 2007 und 2019 im Vorstand der DHG (2. Vorsitzende: 2009-2015). Mitglied der ÖHG. Eigene Netzpräsenz, darauf auch das Projekt Haiga im Focus.

Brink, Brigitte ten, *1949 im Emsland, lebt, schreibt und fotografiert seit 1979 in Konstanz, Mitglied der Deutschen und der Österreichischen Haiku-Gesellschaft.

Bröker, Ralf, *1968, Ochtrup – schreibt und veröffentlicht Haiku, Tanka und Haibun auf Deutsch und Englisch. Organisiert die Facebook-Gruppe haiku-like, ist Mitglied der UHTS.

Brückner, Heiner, *1949. Kurzgeschichten, Lyrik in Literaturmagazinen und Anthologien. Einzelveröffentlichungen. Neuerscheinung: Augenblitze. Dreizeilen-Lyrik Haiku/Senryu. BoD, Norderstedt, 2023.
https://heinerbrueckner.jimdofree.com/

Brunotte, Yann, *2010 in Berlin, lebt in Hamburg.

Buchholz, Horst-Oliver. Geboren in Herford / Westfalen, lebt heute im Rhein-Main-Gebiet. Studierte Sprach- und Literaturwissenschaft sowie Geschichte in Göttingen und Mainz. Ausbildung zum Redakteur. Schrieb für Tages- und Fachzeitungen, Agenturen, Journale und Hörfunk. Seit 2003 im Bereich Kommunikation eines deutschen

Industrieunternehmens. Vorstandsmitglied der Deutschen Haiku-Gesellschaft. Veröffentlichungen in Anthologien, Kalendarien und Jahrbüchern. Bücher: „Gesplitterte Zeit – Haiku und Haibun", 2019. „Lichtwechsel – 52 Tan Renga", mit Eleonore Nickolay, 2022.

Bucifal, Stefanie, *1983, Studienberaterin aus Konstanz, schreibt Lyrik auf Deutsch und Englisch, zahlreiche ihrer Haiku und Tanka wurden in internationalen Anthologien und Literaturzeitschriften von Deutschland bis Down Under veröffentlicht und haben Auszeichnungen gewonnen, ihre Gedichte und Haiku wurden im öffentlichen Raum ausgestellt und vom Japanischen Generalkonsulat getwittert.

Büerken, Pitt, *1945, lebt in Münster. Er schreibt Gedichte, Erzählungen, Haiku, Senryu, Tanka, Kyota, Haibun. Veröffentlichungen in internationalen Zeitschriften und Anthologien. Zwei Haiku-Bücher.

Buschmann, Gabi, *1953 in Wiesbaden, lebt in Niederseelbach im Taunus. Sie ist passionierte Makrofotografin. Gedichte schreibt sie schon länger, Haiku seit 2016, unterstützt vom Haiku-Workshop Wiesbaden.

Cesaro, Ingo, *1941, lebt in Kronach. Schriftsteller, Herausgeber, Handpressendrucker, Galerist. „Sehnsucht nach Stille" (Senryu zum Thema: Weiße Rose – Sophie Scholl), Freipresse Bludenz, 2021 sowie „Wort Diebe". Gedichte, éditions trevès im Verlag Kleine Schritte, 2021.

Christen, Caroline, Journalistin, lebt mit Frau und Glückskatze im Taunus.

Ciobîcă, Cezar Florin, *1971 in Botoşani, Rumänien. Er ist Lehrer an einem Gymnasium und schreibt Kurzprosa und Kurzlyrik.

Conrad, Beate, lebt, arbeitet und schreibt in Hildesheim. Mehrere Preise für Haiku und Haiga. Sie beschäftigt sich intensiv mit der Strukturanalyse von Haiku, Tanka und verwandten Formen. Seit Mai 2012 gibt sie das Internationale Haiku-Magazin Chrysanthemum heraus.

Čordašević, Zorka, *1951 in Modran (Bijeljina, Republik Srpska). Abschluss der Höheren Tourismusschule. Sie lebt in Frankfurt am Main, schreibt Gedichte, Haiku und Geschichten für Kinder und Erwachsene und ist in mehreren Anthologien vertreten. Einige eigene Bücher.

D'Alessandro, Andrea, *1964, lebt in Bruchsal. Schreibt Haiku und Kettengedichte.

Daneva, Maya, promovierte Informatikerin, unterrichtet Wirtschaftsinformatik. Lebte lange in Kanada, heute wohnhaft in den Niederlanden. Schreibt und veröffentlicht in Englisch, Deutsch, Französisch und Bulgarisch.

Daube, Matthias, *1956, Thüringen.

Deininger, Ruthild, *1950, lebt in Taucha bei Leipzig, bis 2016 als Hausärztin in eigener Praxis tätig, Haiku seit etwa 20 Jahren, schreibt kleine Texte über Alltägliches, übt Ikebana seit 2016.

Dellbrügge, Reinhard, *1952, lebt in Steinfurt. Schreibt Gedichte (vor allem Haiku), Aphorismen, Kurzprosa, Rezensionen und Essays. Veröffentlichungen u.a. in Zeitschriften, Anthologien und Jahrbüchern.

Dietrich, Frank, *1976 in Berlin, lebt in Düsseldorf. Dozent und Privatlehrer.

Dohrendorf, Hildegard, *1951, malt und schreibt in Schleswig-Holstein.

Dronten, Amelie (Pseudonym), lebt im Salzkammergut und ist freischaffend künstlerisch tätig. Sie hat Kunst studiert und schreibt seit gut zwanzig Jahren. Einige ihrer Gedichte sind in Anthologien zu finden.

Drska, Udo, *1980, geboren und wohnhaft in Wien, Tier- und Pflanzenfreund.

Duncan, Bernadette, *1965 in Oberbayern, lebte lange in Schottland, heute zwischen Alb und Schwarzwald, Lehrerin und Übersetzerin i.R., Haiku seit 2007. Buch: „zum graureiher verdichtet" (Haiku aus zwölf Jahren), BoD, 2020.

Fischer, Petra, *1954 in Schleswig, Dipl.-Sozialpädagogin, liebt das Meer, lebt seit 30 Jahren in Nordfriesland.

Förster, Gerda, *1947 in Bochum, wohnt in Nijmegen (Niederlande). Bildende Künstlerin.

Freimann, Christiane Friederike, *1961, lebt in Zweibrücken / Pfalz, unterrichtet Biologie und Chemie, verdichtet Linien und Wörter, liebt Pflanzen.

Friebel, Volker, *1956 in Holzgerlingen, lebt in Tübingen. Psychologie-Studium mit Promotion. Schriftsteller, Musiker, Bildermacher, Ausbildungsleiter. 2005-2013 Schriftführer der Deutschen Haiku-Gesellschaft. Gründer und Betreiber von „Haiku heute". Zahlreiche Veröffentlichungen, so „Manchmal Tau", 2019 (Lyrik) sowie „Im Rauschen", 2022 (Audio-Album mit Liedern). www.volker-friebel.de/blog

Führlich, Marleen.

Gaćina, Ivan, *1981 in Zadar, lebt in Zadar (Kroatien). Schreibt Lyrik und Kurzprosa; diverse Veröffentlichungen in Anthologien (Lyrik, Kurzprosa, Aphorismen) und in literarischen Publikationen; diverse Auszeichnungen (Lyrik, Kurzprosa, Aphorismen).

Gebell, Dieter, *1956 in München, zur Schule gegangen, an der LMU studiert, nach der Hochzeit aufs Land gegangen und vier Kinder großgezogen.

Georgiev, Ivan.

Gorfer, Helga Maria, *1958, aus Südtirol/Italien, veröffentlicht monatlich Haiku in einer lokalen Zeitschrift in ihrer Heimat. Sie ist aktives Mitglied in mehreren deutschsprachigen Haikukreisen.

Großmann, Claus-Detlef, *1962, Studium der Politik, Literaturwissenschaft und Philosophie, wohnt in Königstein bei Frankfurt, arbeitet als Journalist.

Groth, Alexander, *1997, wohnt in Mecklenburg-Vorpommern.

Guggenmos-Walter, Ruth, *1959, lebt und arbeitet freiberuflich in Irsee im Allgäu. Ausbildung zur Silberschmiedin.

Gysel, Matthias, *1962, wohnhaft in Richterswil, Schweiz. Tätig als Berater, Jugend- und Hypnosystemischer Coach. Autor von Texten, Kurzgeschichten und Theaterstücken für Laientheatergruppen. Schweizer Arbeiterliteraturpreis 1991. Buch: „Laub und Haut", Haiku und Gedichte, Poesie 21, Anton G. Leitner Verlag, Juni 2022. Netzpräsenz: www.haiku-mgy.ch

Haijin, Taiki, Steuerberater und Mediator, lebt seit dem Jahr 2000 in Wiesbaden. 1998-2005 Expeditionen nach Skandinavien und zu den Orkaden, Durchfahrt der Barrapassage. Mitglied der Deutschen Gesellschaft für Polarforschung. Buch: „Orangenschalen – Siebenundsiebzig Haiku", 2021.

Hansson, Claus, *1962 in Bordesholm, wohnhaft in Fargau am Selenter See. Studium der Ingenieurs- und Wirtschaftswissenschaften. Konstrukteur, Arbeitsvorbereiter, Projektleiter, Technischer / Strategischer Einkäufer. Trainer Karate: Inhaber 5. DAN Schwarzgurt. Zen-Kreis Kiel. Selbstständiger Massage- und Wellnesstherapeut.

Harms, Dirk, *1957, Schwerte/Ruhr, Theaterpädagoge BuT, Bibliodramaleiter GfB, ev. Theologe, beschäftigt sich vor allem mit dem Kontakt von Leib und Sprache in der Bewegung. www.kofferweltentheater.de

Hartmann, Gabriele, *1956, Höchstenbach, malt & fotografiert, schreibt & verlegt. Aktuelles Buch: „abgegriffen", Haiku 2022, im eigenen bon-say-verlag, Netzpräsenz: www.bon-say.de

Hartmann, Sylvia, *1959; Studium der Theologie in Wuppertal und Bonn; Promotionsstudium in Basel; Gemeindepfarrerin und Krankenhausseelsorgerin in Wuppertal; Autorin.

Haupeltshofer, Bernhard, beluha, *1955 in Offingen/Donau; arbeitet in München, in erster Linie Zeichner. Ausstellungen, Kataloge, unter anderen: „die gegenwart der linie", pinakothek der moderne. „die haut der zeichnung", galerie westend. „unbegreiflich genaue verwirrung", galerie westend.)

Heep, Markus, *1966 im Westerwald, lebt in Freiburg im Breigau.

Heid, Birgit, *1961, lebt in Landau/Pfalz. Schreibt Haiku, Märchen, Gedichte, Kurzgeschichten; ein Roman. Zehn Buchveröffentlichungen, Anthologiebeiträge. 1. Vorsitzende des Literarischen Vereins der Pfalz. Lesungen und literarische Gruppenveranstaltungen.

Hölz, Wolfgang, *1937, lebt in Gräfelfing; genießt den Ruhestand, malt und zeichnet zuweilen. Bildbeispiele unter: atelier-hoelz.de

Hövel, Christian, 53 Jahre alt, geboren und wohnhaft in Berlin. Krankenpfleger in der Psychiatrie.

Holtz, Anke, *1971, geboren und aufgewachsen an der Ostsee, seit 1995 im Schwäbischen heimisch, Stadtbaumeisterin.

Holweger, Angelika, *1954, lebt in einem Dorf zwischen Neckar und Schwäbischer Alb. Ihre künstlerische Tätigkeit umfasst Malerei, Holzschnitt und Fotografie. Sie ist Mitglied beim Kunsttreff Dietingen und singt in einer Gregorianikgruppe.

Ishikawa-Franke, Saskia, *1941 in Freiburg im Breisgau, lebt in Otsushi, Shiga-Provinz, Japan. 1973 Dr. phil. (Kunstgeschichte, Archäologie, Philosophie). Über 30 Jahre Lehrtätigkeit, Sprache, Literatur und kreatives Schreiben, u.a. Dada-beeinflußt und Haiku, an Japanischen Universitäten. 2012 Initiatorin des landesweiten Haikuwettbewerbs in Japan für Gymnasiasten/innen und Studenten/innen: Haiku auf Deutsch. Mitarbeit an verschiedenen Anthologien, am „Sommergras" und in einem japanischen Renkukreis. Übersetzung von drei Renku mit einem japanischen Germanisten. Drei selbstständige Haikubücher und eines in Zusammenarbeit mit Christa Wächtler.

Jacobson, Ilse, *1935 in Meinerzhagen, lebt in Mössingen. Bis 2002 tätig als Diplom-Sozialpädagogin Vorschul- und Sonderschulpädagogik.

Jung, Rüdiger, *1961 im Westerwald. Kur-, Klinik- und Altenheimseelsorger einer evangelischen Kirchengemeinde in Mittelhessen. 1989 Haiku-Preis zum Eulenwinkel. Zwei Haiku-Bücher.

Karl-Brandt, Deborah, *1981, lebt in Bonn. Studium der Frühgeschichtlichen Archäologie, Religionswissenschaft und Geographie. Anschließend Promotion in der Abteilung für Skandinavische Sprachen und Literaturen an der Universität Bonn. Schreibt gerne Haiku, sowie Gedichte in freier Form. Beiträge in Anthologien, Jahrbüchern, Zeitschriften.

Kerber, Veronica, *1979 in Achern, wohnhaft in Karlsruhe, Kunst- und Kulturwissenschaftlerin, beschäftigt in der Verwaltung, mehrfache Mundart-Preisträgerin der Sparte Prosa, schreibt Geschichten, Lieder („Alemannische Abendlieder – Neue Lieder aus dem Schwarzwald", Verlag Regionalkultur) und Gedichte in oberrheinalemannischer Mundart. Mitglied im Arbeitskreis „Mundart in der Schule".

Kiock, Michaela, *1967, wohnt in Köln, Studium der Japanologie in Köln.

Kirchhofer, Markus, *1963, lebt als freier Schriftsteller in Oberkulm (Schweiz). Angeleitet von seinem Lehrer Jannis Zinniker, schrieb er mit sieben Jahren seine ersten Haiku. 2022 erschien sein Roman „Das Planetenrührwerk". Es ist seine 16. Publikation. Lyrikbände mit je 100 Gedichten: „eisfischen" (2014) und „aushub" (2018), Knapp Verlag, Olten. www.kick.ch

Klöcker, Rolf, *1931, Ulm, Studium der Wirtschaftswissenschaften in Köln, Promotion.

Knütter, Oliver Kai.

Kössler, Nicola.

Krebs, Gérard. *1946 in Bern (Schweiz), lebt in Helsinki. Privatdozent (Literatur und Kultur der Schweiz). Diverse Buchveröffentlichungen sowie drei Haiku-Bändchen. Zahlreiche Haiku-Veröffentlichungen vor allem in Deutsch und Englisch in Zeitschriften und Anthologien verschiedener Länder.

Krissel, Tobias, *1977, lebt in Kelkheim am Taunus, studierte Gesellschaftswissenschaften sowie Amerikanische Literatur und Literaturwissenschaft in Frankfurt am Main. Haiku und Musik.

Kunz, Marianne, *1956, lebt in Tübingen.

Lange, Moritz Wulf, *1971 in Hamburg, lebt als freier Autor in Hamburg (Hörspiele, Romane, Sachtexte, Gedichte). Seit 2018 beschäftigt er sich verstärkt mit dem Haiku. www.moritz-wulf-lange.de

Leese, Hanne, lebt und arbeitet in Witten. Diplom-Designerin, Zeichnungen, Aquarell, seit 2021 Haiku. www.hanne-leese.de

Limbach, Eva, lebt und arbeitet in Saarbrücken an der Grenze zu Frankreich. Seit 2012 schreibt sie Haiku, Senryu, Haibun und Tanka in Deutsch und in Englisch. Mare Tranquillitatis: evamaria-limbach2.blogspot.com

Linke, Ramona, *1960 im Mansfeldischen, lebt in Salzatal/Beesenstedt, nahe der Lutherstadt Eisleben.

Lockheimer, Birgit, *1959 in Freiburg im Breisgau. Studium der Romanistik und Germanistik, lebt in Hildesheim und Konstanz. Arbeitet seit über 30 Jahren als Verlagslektorin. 2013 stieß sie beim Redigieren eines australischen Buchs auf Haiku, seitdem schreibt sie Haiku und Haibun.

Löbling, Ingrid, *1940, lebt in Halle, Mitglied der Hallenser Haikugruppe.

Ludwig, Horst, *1936 in Ritterswalde, Oberschlesien, lehrte lange am Gustavus Adolphus College in den USA, emeritiert seit 2012, lebt jetzt in der Seattle-Metropole. Mitarbeit im Pegnesischen Blumenorden von 1644, in Haiku-Gesellschaften verschiedener Länder und in literarischen und sprachwissenschaftlichen Vereinigungen. 1993 Robert-L.-Kahn-(Lyrik-)Preis; mehrere Preise für Haiku und Tanka. Besonders interessiert am Haiku als sprachlichem Kunstwerk und dessen Analyse.

Mala, Matthias, *1950, München, lebt in München als Schriftsteller und Zeichner. http://www.mala.eu.

Martin, Robert Patrick, *1968 in Mannheim, lebt als freier Autor an der Ostsee (Romane, Sachtexte, Gedichte, Kurzgeschichten). Studium an der Hochschule der Polizei Baden-Württemberg. 2019 ausgestiegen, seither Künstler (Holzobjekte, Schwarz-Weiß Fotografie, Kunst aus Abfall etc.). Bücher: „Haiku – Mäuse im Ohr" (2022) und „Aufwärts" (Gedichte, 2023). **www.robert-patrick-martin.de**

Meinerts, Ingrid, *1951, lebt in Bremen, schreibt Haiku und anderes.

Mieger, Ruth Karoline, *1946, lebt in Wiesbaden.

Miesen, Conrad, *1952 in Neuwied am Rhein, lebt in Anhausen im Westerwald. Studium der Germanistik, Philosophie und Pädagogik. Langjährige Arbeit als kaufmännischer Angestellter. Schwerpunkte des Schreibens: Lyrik, Kurzprosa, Hörspiel und Essay. Zahlreiche Veröffentlichungen in Zeitschriften, Jahrbüchern und Anthologien. 1999 Haikupreis zum Eulenwinkel. Zehn Jahre Schriftführer im Vorstand der Deutschen Haiku-Gesellschaft.

Nerlich, Helga, *1950, lebt in Düsseldorf.

Neubacher, Claudia, *1967, lebt abwechselnd in Wien und im oberösterreichischen Salzkammergut. Lehramtsstudium und Tätigkeit als Kunsterzieherin. Begann mit dem Schreiben von Lyrik 2005, zunächst vor allem Kindergedichte, nun verstärkt Lyrik und seit kurzem auch Haiku. Letztere sind zu finden auf ihrem Blog: https://wortgewaesser.blogspot.com/

Nickolay, Eleonore, *1957 in Koblenz. Lebt in der Nähe von Paris. Haiku und Haiga seit 2013 in Deutsch, Französisch und Englisch. Mitglied der „Association Francophone de Haïku", im Vorstand der Deutschen Haiku-Gesellschaft, Mitarbeiterin in den Redaktionen der jeweiligen Vierteljahresschriften „Sommergras" und „Gong".

Oesterheld, Lisa F., *1957, lebt in Vechta; Seelsorgerin i. R., Kursleiterin und Autorin; Gedichtbände u.a. „Hymne ans Leben" (2019), „Gottesschimmer" (2016). www.lisaoesterheld.de

Pettke, Ludmilla.

Petzold, Jutta, *1953 in Hildesheim, lebt in Braunschweig. Lehramtsstudium, Ausbildung in Poesietherapie und Biografiearbeit. Seit ihrer Jugend schreibt sie gerne, vor allem Lyrik. Diverse Veröffentlichungen von Haiku, Lyrik und Sachtexten in Zeitschriften, Anthologien und im Internet. Mitglied der AG Literatur der Braunschweigischen Landschaft e.V.

Pfaller, Rudi, *1949, pensionierter Lehrer, lebt in Remshalden.

Plich, Kamil, * in Środa Śląska, Polen. Lebt in Lübeck. Veröffentlichungen in internationalen Zeitschriften und Anthologien.

Popović, Tihomir, *1974 in Belgrad. Professor für Musikgeschichte und Musiktheorie, lehrt und forscht in Luzern und Hannover. Bücher und Artikel zur Musik vom 9. bis zum 20. Jahrhundert. Schreibt Lyrik und Haiku auf Deutsch, schrieb früher auch Reiseberichte und Kindergeschichten auf Serbisch. Seit 2022 regelmäßig Autor am Lyrik-Projekt „Der goldene Fisch": http://der-goldene-fisch.de/ping/author/88tihomir/

Possél, René, *1949 im Ruhrgebiet, wohnt am Rand des Odenwaldes. Studium der Philosophie und Katholischen Theologie; ist Trauerredner und Wortsteller, verfasst Nekrologe, hält ökumenische Predigten und Vorträge.

Ptascheck, Sabina, *1958 mitten im Ruhrpott; lebt in Münster, Westfalen; arbeitet in einer lerntherapeutischen Praxis; liebt es, sich die Natur in der Parklandschaft Münsterland zu Fuß zu erschließen.

Raab, Sonja, *1975 im Ybbstal / Niederösterreich. Schamanin, Kolumnistin und freie Autorin, mehrere Bücher. „Woman Award" für soziales Engagement, Ehrung von Amnesty International, Löwenherz-Preis durch das Land Niederösterreich.

Rakowski, Jörg, *1962 in Essen, lebt bei Bremen, Imayaki-Keramik.

Reinfurt, Monika, *1955, lebt in Stuttgart, seit 2010 Bloggerin von Lyrik und Kurzprosa unter http://resignative-reife.blogspot.com/. Einzelveröffentlichungen in Anthologien.

Riehemann, Renate Maria, *1955, lebt in Osterode am Harz. Pädagogin, Dichterin, Erzählerin. Mehrere Einzelveröffentlichungen, zuletzt: „Die Zeit in den Leinenlumpen". Erzählungen. Geest-Verlag 2022; „Von Weitem Kraniche". Haiku-Heft 05. Rotkiefer-Verlag 2022. Einzelgedichte finden sich in zahlreichen Anthologien. Initiatorin des Literaturpreises Harz und Herausgeberin der dazugehörigen Anthologien. Vorsitzende des Vereins „Lyrik lebt e. V." Osterode. Mitglied u.a. in der europäischen Autorenvereinigung Die Kogge. www.renate-maria-riehemann.de

Ristić, Dragan J., *1948 in Niš, Deutschlehrer im Ruhestand, in Niš (Serbien) lebend, literarischer Übersetzer und Literat, schreibt Kurzgeschichten, Gedichte, Aphorismen und Haiku, Redakteur der Zeitschrift „Haiku novine". Viele seiner Haiku sind preisgekrönt und in Anthologien vertreten.

Rödig, Wolfgang, *1965 in Straubing, lebt in Mitterfels. Veröffentlichung von etwa 600 literarischen Kurztexten in diversen Anthologien, Literaturzeitschriften, Tageszeitungen, Kalendern und Magazinen.

Rohrbeck, Peter, *1964 in Wolfsburg, lebt in Gifhorn, Feinblechner und begeisterter Tierfotograf.

Romahn, Gerd, *1952, lebt im Ruhrgebiet, schreibt Haiku und gestaltet Haiga.

Rosen, Rita, wohnhaft in Wiesbaden. Früher Professorin an der Hochschule RheinMain. Sie leitet den Haiku-Kreis Wiesbaden.

Saslona, Guido, *1971, lebt im Landkreis Märkisch Oderland (Brandenburg), beschäftigt in der Jugendarbeit.

Sauer, Frank, *1952 in Perleberg, lebt in Wolfenbüttel und arbeitete als Verlagslektor in Braunschweig. Malt, fotografiert und schreibt Gedichte, Haiku, Kurzprosa. Beiträge in Anthologien und Zeitschriften. Bücher: „Skizzen im Gegenlicht" (Lyrik, BoD, 2021), „WinterPark" (Haiku/Haibun, Rotkiefer, 2022).

Schaffelhofer, Jörg, *1959 in Marl/NRW, lebt in Südhessen und arbeitet im IT-Bereich einer Bank. Er schreibt Haiku und andere Kurzlyrik sowie Kurzprosa. Gedichtband „Mein Leben schreibt melancholisch" (2020). Ein Band mit Kurzprosa ist in Arbeit.

Schaldach-Helmlechner, Birgit, *1961, lebt und arbeitet in Schlüchtern.

Schernikau, Michael Rasmus, *1985 in Nürnberg, lebt in Bad Tölz. Studierte Italienisch und Germanistik (Promotion 2012). Schriftsteller. Zuletzt erschien „... im Herzen jedoch das Grün des nächsten Sommers. Gedichte", 2022 (eBook).

Schlösser, Elke, *1954, Eschweiler, Diplom-Sozialarbeiterin, Fachbuchautorin, pädagogische Fortbildungsreferentin, Vorträge zu Biographie und Werk von Hermann Hesse, literarische Veröffentlichung: „Aphorismen ... heilende Worte in einem Satz", 2016.

Schmid, Elisabeth Ba, *1953 in Schwäbisch Gmünd, lebt und arbeitet in München. Studium Soziologie und Philosophie an der Universität München. Pädagogin, Autorin.

Schmidt, Annika Carmen, *1979 in der Wesermarsch. Lyrikerin, veröffentlichte zahlreiche Gedichte, Interviews und Essays zu Kunst, Kultur und Literatur in Anthologien, Zeitschriften und Radiosendungen, ist Mitglied im Verband deutscher Schriftstellerinnen und Schriftsteller in ver.di und wohnt im Wedding.

Schmidt, Benno, *1964, lebt im Münsterland in der Nähe des Ruhrgebiets, schreibt gelegentlich Haiku, Senryu und andere Mikrogedichte.

Schmitt, Angela, *1955 in München, lebt in der Südpfalz, Studium Pädagogik und Kunsterziehung, Lehrerin im Ruhestand.

Schönfeld, Maren, *1970, Hamburg, Schriftstellerin, Journalistin und Lektorin. Lyrikbände „Der Boden des

Dunkels", 2021, sowie „Engelschatten", 2022, beide Verlag Expeditionen, Hamburg. https://schoenfeld.blog/

Schreiber, Dyrk-Olaf, *1954, Germanistikstudium (M.A.), kaufmännische Ausbildung, im Ruhestand; schreibt hauptsächlich Lyrik, kurze Prosa, aber auch Haiku und Tanka; viele Veröffentlichungen in Gedichtesammlungen.

Schulz Blank, Helga, *1948 in Innsbruck, aufgewachsen in Berlin, Sozialpädagogin. Nach 16 Jahren Aufenthalt in Süd- und Mittelamerika, wohnt seit 1994 in Esslingen / Neckar.

Schulze Frenking, Marie-Luise, *1960, wuchs im Münsterland auf und lebt mit ihrer Familie seit vierzig Jahren in Bayern.

Seithe, Angelica, *1945 in Bad Lauterberg, lebt im Kreis Gießen und in München. Psychologische Psychotherapeutin, Dozentin. Zahlreiche Veröffentlichungen in Zeitschriften und Anthologien. Neun Lyrikbücher, zuletzt erschienen: „Im Schatten der Äpfel" (2016) und „Solange wir bleiben im Licht" (2020), beide in der edition offenes feld. Mehrere Auszeichnungen bei Wettbewerben für Lyrik und für Haiku. www.angelica-seithe.de

Speier, Martin, *1962, lebt auf dem Land in Bayern und arbeitet in einer Klinik.

Spies, Claudia von, *1958, lebt in München, schreibt und malt. Sie ist Märchen- und Geschichtenerzählerin für Erwachsene. Ihre große Leidenschaft ist das Tanzen, besonders Tango Argentino.

Stania, Helga, geboren in Siegen, Studienabschluss in Biologie, Geographie, Pädagogik; Lehramtstätigkeit; lebt seit 1990 in der Schweiz; Haiku, Tanka, Haiga und Kettengedichte. Netzpräsenz: ahaiga.ch

Steiner, Thomas, *1961 bei Reutte/Tirol, lebt in Neu-Ulm. Physiker, Fachübersetzer. Schreibt Haiku und andere Gedichte. Drei Buchveröffentlichungen.

Thiede, Joachim, *1963, promovierter Biologe, lebt in Hamburg.

Thum, Hubertus, lebt in der Nähe von Hannover.

Tiefensee, Tobias, *1984, beschäftigt sich seit 2017 mit dem Haiku. Er schreibt auch andere lyrische Texte und Kurzprosa. Lebt und arbeitet in Bremerhaven.

Timm, Angela Hilde, geb. Behn, *1964 in Hamburg. Veröffentlicht seit 2004 Gedichte in Anthologien. Ein eigener Gedichtband „Glaubens-Bilder" erschien 2010/2015. Fremdsprachenkorrespondentin (Mitte der 1980er Paris) sowie gelernte Fachdolmetscherin und Übersetzerin. Wohnt im Landkreis Stade, Niedersachsen.

Titelbach, Ulrike, *1971, lebt in Wien. Seit 2017 veröffentlicht sie lyrische Texte und Prosa in diversen Literaturzeitschriften und Anthologien. Für ihr universitäres Schreibprojekt „mit poesie zur theorie" erhielt sie 2021 gemeinsam mit den Studierenden aus ihren Lehrveranstaltungen den Exil-Literaturpreis für Teams. Im selben Jahr erschien in der edition offenes feld ihr erster Lyrikband „Fragile Umarmungen".

Vriede, Anna, *2003, lebt und studiert in Leipzig. Schreibt Haiku und Kurzprosa, experimentiert mit Kunst und Sprache.

Wachowitz, Stefanie, *1969, lebt, liest, liebt und sitzt in der Umgebung von Königswinter.

Weber-Strobel, Elisabeth, *1955, lebt in Heidenheim, sie ist von Beruf MTRA, liebt Literatur und beschäftigt sich mit Haiku.

Winzer, Friedrich, *1941 in Marburg/Lahn, lebt in Biedenkopf-Breidenstein.

Wirth, Klaus-Dieter, *1940, lebt in Viersen am Niederrhein bzw. im Weindorf Burg an der Mosel. Neuphilologe (Englisch, Französisch, Spanisch, Niederländisch). Aktives Mitglied in mehreren internationalen Haiku-Organisationen. Zahlreiche Veröffentlichungen von Haiku, Essays und Büchern in verschiedenen Sprachen. Bücher: „Entkernte Zeit - Stoned Time - Temps dénoyauté - Tiempo deshuesado." Allitera Verlag, 2022. „Japanisches Glossar rund um das Haiku und verwandte Kunstformen im Rahmen der japanischen Kultur." Rotkiefer Verlag, 2022.

Zeller, Birgit, *1977, lebt in Stuttgart und arbeitet als MTA. In ihrer Freizeit ist sie fotografisch-künstlerisch tätig. Netzpräsenz: birgit-zeller.de

Zeraschi, Romano, *1947, lebt in Parma, Bardi und Cinque Terre. Abschluss in Soziologie. Schreibt Haiku, Haibun, Haiga und Kikobun.

Mitgliedschaften: Viele der Autoren sind Mitglieder der Deutschen Haiku-Gesellschaft (DHG: **haiku.de**), manche Mitglieder in der Österreichischen Haiku Gesellschaft. Im Einzelnen aufgeführt wurden, sofern von den Autoren erwähnt, nur Funktionsstellen in dieser literarischen Gesellschaft. Mitgliedschaften in anderen Gesellschaften wurden, soweit literarisch interessant, alle genannten aufgeführt.

Bücher: Viele der Autoren haben Bücher veröffentlicht. Zwei davon konnten oben aufgeführt werden. Den aktuellen Stand zeigen Buchversande oder die Deutsche Nationalbibliothek.

Edition Blaue Felder

Das ist der Produktionsverlag von Volker Friebel.
Hier erschienen folgende Haiku-Jahrbücher:

2003: Gepiercte Zungen: 153 Haiku von 37 Autoren.
2004: Der Lärm des Herzens. 142 Haiku von 35 Autoren.
2005: Worte für die Wolken. 100 Haiku von 36 Autoren.
2006: Feine Kerben. 163 Haiku von 55 Autoren.
2007: Große Augen. 226 Haiku von 60 Autoren.
2008: Lauschen der Bach. 108 Haiku von 53 Autoren.
2009: Spuren der Wasserläufer: 187 Haiku von 68 Autoren.
2010: Kirschblütenwind: 314 Haiku von 94 Autoren.
2011: Regler ins Weiß: 352 Haiku von 98 Autoren.
2012: Träume teilen: 387 Haiku von 111 Autoren.
2013: Entropie der Worte: 500 Haiku von 111 Autoren.
2014: Unter dem Milchschaumherz: 591 Haiku von 109 Autoren.
2015: Zwiegespräch mit dem Irrlicht: 606 Haiku von 120 Autoren
2016: Südwind: 596 Haiku von 115 Autoren.
2017: Leichte Fracht: 556 Haiku von 116 Autoren.
2018: Morgennachrichten: 553 Haiku von 116 Autoren.
2019: Honigspur: 604 Haiku von 121 Autoren.
2020: Nebelland: 647 Haiku von 123 Autoren.
2021: Quarantäne unter Sternen: 598 Haiku von 129 Autoren.
2022: Temperatursturz: 644 Haiku von 133 Autoren.

Außerdem hingewiesen sei auf das Grundlagenwerk:
Volker Friebel (2019): Das Haiku. Grundwissen –
Vertiefungen – der Horizont.

Alle Bücher können im Buchhandel oder auf
www.volker-friebel.de/bestellen bestellt werden.
Letztere Adresse liefert auch die Haiku-Jahrbücher,
die derzeit nicht im Buchhandel erhältlich sind. Freie
pdf-Versionen aller Haiku-Jahrbücher gibt es auf
www.haiku-heute.de/jahrbuch